बच्चों के लिए
रामायण

चित्रा रामास्वामी

हिन्दी अनुवाद: श्री दीपक विश्वकर्मा

PRISM BOOKS PVT. LTD.

Bengaluru | Chennai | Hyderabad | Kochi | Kolkata

बच्चों के लिए

रामायण

चित्रा रामास्वामी

हिन्दी अनुवाद: श्री दीपक विश्वकर्मा

Published by

Prism Books Pvt Ltd.
1865, 32nd Cross, 10th Main, BSK 2nd stage, Bengaluru - 560 070
Tel : 080 - 26714108 / 26703979, E-mail : info@prismbooks.com

Also at

Chennai
New No.87, Old No.5/1, 1st Floor, Jeenis Road
(Near Saidapet Railway Station), Saidapet (East)
Chennai 600 015 Tel : 044 24311244 / 24311266
E-mail : prismchennai@prismbooks.com

Hyderabad
1-1-728/A, Street No. 10, Gandhinagar,
Hyderabad - 500 080. Tel : 040 27612928 / 27612938
E-mail : prismhyderabad@prismbooks.com

Kochi
#411/3, 1 floor "Shree Parameshwar"
Muttathill lane, Kadhavanthara,
Kochi - 682 020. Tel : 0484-4000945 / 0484-2206055
E-mail : prismkochi@prismbooks.com

Kolkata
Ground Floor, D/66, Bapuji Nagar P.O,
Regent Estate, P-S Jadavpur,
Kolkata - 700 092. Tel : 033-24297957 / 24297959
E-mail : prismkolkata@prismbooks.com

ISBN 10 : 93-86506-04-1
ISBN 13 : 978-93-86506-04-7
Price : ₹95.00

Illustrations: Mohandas Marath
Ilustrations colouring artist: P.V. Sindhu
Designed at : enablePrint Services Pvt. Ltd.
Printed at: Aditya Printers, Bengaluru.

मेरे दादा-दादी
श्री कृष्णमूर्ति अय्यंगार् व रंगनायकि अय्यंगार्

तथा
मेरे नाना-नानी
डॉ. के.एस्. रंगस्वामि अय्यंगार् व सुलोचना अय्यंगार्

की स्मृति में समर्पित

मुख्य भूमिकाएं

राम, अयोध्या के युवराज, राजा दशरथ के पुत्र

सीता, राम की धर्मपत्नी

लक्ष्मण, भरत और **शत्रुघ्न** राम के भाई

हनुमान, राम के परम भक्त वानर नायक

वानरराज **सुग्रीव**, राम के मित्र व किष्किंधा के राजा

रावण, लंका का राजा

दस महाविद्याओं के ज्ञाता रावण को सांकेतिक रूप में दशानन भी कहा गया है। भीमकाय **कुंभकर्ण** और बुद्धिमान व न्यायप्रिय **विभीषण** उसके भाई थे। **इंद्रजीत** उसके कई पुत्रों में से एक था।

बच्चों के लिए रामायण

दशरथ, कौशल नरेश

दशरथ कौशल के राजा थे। अयोध्या उनकी राजधानी थी। सरयू नदी के तट पर स्थित उनका राज्य धन-धान्य, हरियाली और स्वच्छता से परिपूर्ण था।

दशरथ के मंत्रीमंडल में विद्वान नागरिक थे जो बुद्धिमानी और न्यायपूर्ण शासन के संचालन में उनकी मदद करते थे। कौशल के नागरिक प्रसन्न और सुरक्षित थे। अपने नरेश की भांति वहां के नागरिक भी ईमानदार और चरित्रवान थे।

दशरथ की कोई संतान नहीं थी। अपनी इस इच्छा को पूर्ण करने के लिए उन्होंने देवताओं को आह्वान करते हुए एक यज्ञ आयोजित किया। यज्ञ देवताओं को प्रसन्न करने के लिए किया जाने वाला कर्म है।

ऋषि-मुनियों द्वारा मंत्रोच्चार प्रारंभ करने के साथ ही यज्ञ की पवित्र अग्नि दहक उठी। इसमें से अद्भुत आभा युक्त एक देवता अपने हाथों में स्वर्ण पात्र लिए प्रकट हुए।

देवता ने कहा, "यह पवित्र खीर अपनी रानियों को खिला दो। वे आपकी संतानों को जन्म देंगी।" दशरथ ने अत्यंत कृतज्ञतापूर्वक देवता से खीर स्वीकार किया।

राजकुमारों का जन्म

आह्लादित दशरथ ने खीर अपनी तीन रानियों को बांट दिया। समय आने पर सबसे बड़ी रानी कौशल्या ने राम को जन्म दिया। कैकेयी ने भरत और सुमित्रा ने जुड़वा पुत्रों लक्ष्मण

और शत्रुघ्न को जन्म दिया। संपूर्ण कौशल और अयोध्या नगरी गीत-संगीत और आमोद-प्रमोद में डूब गई।

माता-पिता के स्नेह और दुलार के साथ राजकुमार बड़े होने लगे। चारों भाइयों में एक-दूसरे के प्रति अत्यंत गहरा अनुराग था।

आश्रम जीवन

शिक्षा-दीक्षा के लिए चारों भाई सरयू नदी के तट पर स्थित महर्षि वशिष्ठ के आश्रम भेजे गए। आश्रम में वृक्षों के नीचे खुली हवा में उनकी शिक्षा संपन्न हुई। दशरथ पुत्रों को आश्रम में पक्षियों का कलरव संगीत की भांति जान पड़ता।

वे सभी रंग-बिरंगे पुष्पों से सुवासित आश्रम, आकाश में तैरते बादलों तथा असंख्य सितारों से भरे अंतरिक्ष के दृश्यों को निहारते और खूब आनंदित होते।

चारों भाई आश्रम में सहपाठियों के साथ खेलते। गुरु की हर आज्ञा का पालन करते। आश्रम में रहते हुए चारों भाइयों ने सादगीपूर्ण एवं अनुशासित जीवन जीना सीख लिया।

अपने गुरुओं के सान्निध्य में राजकुमारों ने घुड़सवारी, रथ संचालन, शिकार, लक्ष्य संधान, तलवार चलाना, धनुर्विद्या तथा विभिन्न अस्त्र-शस्त्रों का संचालन सीखा। महर्षि वशिष्ठ ने अपने शिष्यों को नेकी, न्याय एवं धर्म पालन जैसे सद्गुणों से परिचित कराया। मुनि वशिष्ठ ने कहा, "हे राजकुमारों ! तुमने जिन विद्याओं का अध्ययन किया है उनका प्रयोग किसी को हानि पहुंचाने में नहीं बल्कि सदैव मानवता की भलाई में करो।"

जल्दी ही समस्त राजकुमार युद्ध विद्या में निपुण हो गए। ऋषि-मुनियों ने राजकुमारों को राज्य संचालन की कला में भी सिद्धहस्त कर दिया। अनेक विद्याओं में प्रवीण होने के साथ ही वे सभी विनयशील एवं जिम्मेदारियों को समझने वाले थे। इसी कारण वे सभी के स्नेह पात्र थे। शिक्षा-दीक्षा पूर्ण होने पर गुरु वशिष्ठ ने राजकुमारों को यह कहते हुए अयोध्या भेजा :

"यथा शक्ति मैंने तुम सभी को विद्या प्रदान की। जो बातें तुमने आश्रम में सीखीं उनका प्रयोग अब तुम्हें अपने रोजमर्रा के जीवन में करना है। अब तुम स्वयं को बुद्धिमान एवं न्यायप्रिय राजा दशरथ के मूल्यवान पुत्रों के रूप में सिद्ध करो।"

विश्वामित्र का यज्ञ

चारों राजकुमार अयोध्या लौटे जहां पुत्रों को अपने बीच पाकर माता-पिता की खुशी का पारावार न था। जल्दी ही, एक दिन महर्षि विश्वामित्र राजा दशरथ से मिलने अयोध्या पहुंचे। उन्होंने राजा को बताया कि वे मानव कल्याण के लिए एक यज्ञ आयोजित करने वाले हैं। महर्षि ने कहा, "मैं आपके सद्गुणी पुत्रों जैसे वीर एवं साहसी नायकों की खोज में निकला हूं जो मेरे यज्ञ की रक्षा करेंगे।"

भयाकुल दशरथ अपने पुत्रों से दूर नहीं होना चाहते थे। उन्होंने महर्षि से कहा, "मेरे सुकुमार पुत्र अभी अनुभवहीन हैं। मैं स्वयं अपनी सेना सहित आपकी सेवा में प्रस्तुत हूं।"

महर्षि वशिष्ठ ने यह देखा कि महर्षि विश्वामित्र राम और लक्ष्मण को अपने साथ ले जाने को आतुर थे। उन्होंने राजा को उनके पुत्रों को महर्षि विश्वामित्र के साथ भेजने का परामर्श देते हुए कहा, "विश्वामित्र वीरों में वीर एवं बुद्धिमानों में बुद्धिमान हैं। यह उचित अवसर है जबकि आपके पुत्र उनसे कुछ सीख सकेंगे।"

अंततः दशरथ मान गए। उन्होंने

राम और लक्ष्मण को महर्षि के साथ जाने की आज्ञा दे दी। पिता का आशीर्वाद लेकर दोनों भाई विश्वामित्र के साथ प्रस्थान कर गए।

बल एवं अतिबल

अपने हाथों में धनुष लेकर राम और लक्ष्मण महर्षि विश्वामित्र के साथ चल पड़े। रास्ते में कलकल करती अनेक नदियों और हरे-भरे वनों से भेंट हुई। महर्षि विश्वामित्र ने दशरथ पुत्रों को मार्ग में आने वाले अनेक पर्वतों, नदियों और नगरों की रोचक कथाएं सुनाईं। रात्रि घिरते तक वे सरयू नदी के तट पर पहुंच गए।

फिर राजकुमारों ने नदी में गहरी डुबकी लगाई। इसी दौरान विश्वामित्र ने उन्हें बल एवं अतिबल मंत्रों के रहस्य से परिचित कराया।

विश्वामित्र ने कहा, “प्रतिदिन इन मंत्रों का जाप करो। कोई भी तुम्हारी शक्ति की बराबरी नहीं कर सकेगा।”

राम लक्ष्मण द्वारा ताड़का वध

अगली सुबह वे दंडकारण्य से होकर गुजरे। विश्वामित्र ने बताया कि किसी समय यह क्षेत्र समृद्ध था। लोग खुशहाल जीवन व्यतीत करते थे। नरभक्षी राक्षसी ताड़का और उसके पुत्र मारीच के आक्रमण के बाद उन सभी को इस क्षेत्र से अन्यत्र जाना पड़ा।

विश्वामित्र द्वारा पहले से सावधान किए जाने से दोनों भाइयों ने ताड़का के आक्रमण का सामाना करने की तैयारी कर ली। ताड़का ने उन पर धूल के बादलों से हमला किया। एक महिला पर आक्रमण की दुविधा में फंसे राम को देखकर महर्षि ने शीघ्रता से कहा, “राम! एक राजकुमार तथा नागरिकों का रक्षक होने के नाते तुम्हारा यह कर्तव्य है कि तुम बुरी शक्तियों का संहार करो।”

अब राम अपनी ओर ताड़का को आते हुए देखकर प्रत्याक्रमण के लिए तैयार थे। भयंकर संघर्ष हुआ। अंततः ताड़का मारी गई।

ताड़का वध में राम के पराक्रम को देखकर महर्षि विश्वामित्र ने उन्हें अनेक दिव्य अस्त्र-शस्त्रों की दीक्षा दी। दिव्यास्त्रों में वह शक्ति होती थी जिससे वह उस कार्य को पूरा करते थे जिसके लिए उनका आह्वान किया गया हो। फिर राम ने उन अस्त्र-शस्त्रों के प्रचालन का प्रशिक्षण लक्ष्मण को दिया।

विश्वामित्र का आश्रम

वन मार्ग से होते हुए उन तीनों ने अपनी यात्रा जारी रखी। शीघ्र ही वे एक पर्वत शिखर पर स्थित विश्वामित्र आश्रम पहुंच गए।

विश्वामित्र ने कहा, "मैं इस सिद्धाश्रम में निवास करता हूं। यह आश्रम अत्यंत सौभाग्यशाली है क्योंकि इसी स्थान पर स्वयं नारायण और बाद में महर्षि कश्यप ने तपस्या की थी।"

तीनों के सिद्धाश्रम पहुंचते तक रात घिर आई थी। आश्रम के अन्य ऋषि-मुनी महर्षि विश्वामित्र को राजकुमारों के साथ लौटे देखकर अत्यंत प्रसन्न हुए। तीनों को ऋषियों ने सुस्वादु फल और कंदमूल परोसे और रात्रि विश्राम के लिए निवेदन किया।

विश्वामित्र के आश्रम में सभी प्रातः काल उठे। आकाश साफ और नीले रंग का था। विश्वामित्र और अन्य ऋषि-मुनियों ने यज्ञ की तैयारियां पूरी कीं।

यज्ञ में पवित्र अग्नि के प्रज्ज्वलित होते ही आकाश काले और घने बादलों से भर उठा। दोनों भाइयों ने आकाश मार्ग से मारीच और उसके साथियों को कुटिया की ओर आते देखा। मारीच ने अपने साथियों से कहा, "ये ऋषिगण देवताओं की पूजा कर रहे हैं। हमें शीघ्रता से उनके अनुष्ठान को रोकना चाहिए।"

दोनों भाई राक्षसों के आक्रमण का सामना करने के लिए पूरी तरह से तैयार थे। राम और लक्ष्मण ने अपने अचूक तीरों से राक्षसों को बीच आकाश में ही रोक लिया। दोनों भाइयों के दिव्यास्त्रों ने निशाचरों को उनके मंसूबों में कामयाब नहीं होने दिया और विश्वामित्र ने ऋषिगणों के साथ सफलतापूर्वक यज्ञ संपन्न कर लिया। बुरी तरह से पराजित दानव भाग खड़े हुए। एक बार फिर क्षितिज पर सूरज चमक उठा। इस प्रकार यज्ञ निर्विघ्न पूरा हुआ।

विश्वामित्र प्रसन्नता से भर उठे। दोनों भाइयों से विश्वामित्र ने कहा, "तुम्हारी वीरता और साहस से यह आश्रम निशाचरों से मुक्त हो गया।"

मिथिला गमन का निर्णय

विश्वामित्र के यज्ञ में उपस्थित ऋषिगणों ने राम से कहा, "हम विदेह राज्य की राजधानी मिथिला जाने के इच्छुक हैं। यह राज्य महान राजा जनक द्वारा शासित है। वह एक महान यज्ञ करने की तैयारी में हैं जिसमें हम सभी शामिल होने जा रहे हैं। यदि आप हमारे साथ आएं तो हमें प्रसन्नता होगी। जनक के दरबार में आपको दिव्य धनुष के दर्शन का सौभाग्य प्राप्त होगा।"

विश्वामित्र ऋषिगणों से सहमत थे और उन्होंने मिथिला जाने का निर्णय लिया। विश्वमित्र ने राम से कहा, "मैं तुम्हें जनक की राजधानी लिए चलता हूं। जनक और तुम्हारे पिता अच्छे

मित्र हैं। वे दोनों ही महानता में एक-दूसरे के समकक्ष हैं।

अहिल्या

विश्वामित्र राम और लक्ष्मण को लेकर मिथिला नगरी को चल पड़े। मिथिला के मार्ग में उन्हें महर्षि गौतम का अति सुंदर आश्रम मिला। अत्यंत मनोरम वातावरण के बीच स्थित कुटिया निर्जन थी।

राम ने पूछा, "इस उत्तम स्थान में कोई मनुष्य क्यों निवास नहीं करता?"

"महर्षि गौतम तपस्या के लिए पर्वतों की ओर चले गए हैं। उनकी धर्मपत्नी अहिल्या यहीं हैं परंतु अंतर्ध्यान हैं। उन्होंने सिर्फ वायु पर रहने का व्रत लिया है। वह तुम्हारे लिए प्रतीक्षारत हैं राम", विश्वामित्र ने कहा।

जैसे ही राम के चरण आश्रम के भीतर पड़े, सहसा एक अलौकिक प्रकाश के साथ अहिल्या उनके समक्ष प्रकट हुईं। वह कांतिमय और अत्यंत सुंदर दिखाइ दे रही थीं।

इसी बीच, गौतम हिमालय से वापस आ गए। राम और लक्ष्मण ने अहिल्या और महर्षि गौतम के चरण स्पर्श कर आशीर्वाद लिया तत्पश्चात मिथिला की शेष यात्रा आरंभ की।

सीता

मिथिला अधिपति जनक से उनके नागरिक बड़ा लगाव रखते थे। एक बार उन्होंने एक यज्ञ करने का संकल्प लिया। यज्ञ के लिए उन्होंने स्थल का चुनाव किया जिसे उन्होंने अपने हाथों से जोता। खेत में साफ-सफाई होने के उपरांत जैसे ही यज्ञ वेदी तैयार की गई, जनक ने एक अद्भुत दृश्य देखा।

जोती हुई भूमि के बीच जनक ने देखा कि दिव्य आभा युक्त एक नन्हीं बालिका उन्हें देखकर मुस्कुरा रही है। जनक ने खुशियों की सौगात लेकर आई उस कन्या को धीरे से

अपनी गोद में लिया और राजमहल को लौट पड़े। उन्होंने उस कन्या को अपनी पुत्री के समान पाल-पोषकर बड़ा किया। जनक ने उस बालिका को सीता नाम दिया।

सद्गुणों से परिपूर्ण सीता समय के साथ भद्र एवं रूपवान किशोरी के रूप में विकसित हुईं। जब वह विवाह योग्य हुईं, जनक एक ऐसे वर की तलाश करने लगे जो सीता के लिए उपयुक्त हो।

राजा जनक के पास भगवान शिव का वह दिव्य धनुष था जिसे भगवान विष्णु ने उन्हें प्रसन्न होकर प्रदान किया था। शिव के उस धनुष को तिनका भर भी हिला पाना किसी साधारण मनुष्य के बूते की बात नहीं थी। जनक ने यह निर्णय लिया कि सीता का विवाह वह उसी पुरुष से करेंगे जो शिव के धनुष को उठाकर उसकी प्रत्यंचा चढ़ाने में सफल होगा।

मिथिला पहुंचने पर दोनों भाइयों ने देखा कि जनक की नगरी सजी-धजी है और वहां चारों ओर उत्सव का माहौल है। चारों ओर तोरण और बंदनवार लगाए गए हैं।

सीता स्वयंवर में राम की जीत

स्वयं जनक ने महर्षि विश्वामित्र और अपने मित्र दशरथ के दोनों पुत्रों की अगवानी की। राम ने शिव के प्रसिद्ध धनुष को देखने की इच्छा जताई। जनक के आदेश पर धनुष को दरबार में लाया गया। यह इतना विशाल धनुष था कि उसे लाने के लिए आठ पहियों वाले वाहन का प्रयोग किया गया जिसे सौ बलिष्ठ मनुष्यों द्वारा खींचा गया।

राम ने विश्वामित्र को देखकर उनसे आज्ञा ली। राम उठे और विश्वामित्र तथा जनक को प्रणाम कर धनुष की ओर चल पड़े। धनुष को स्पर्श करने से पूर्व राम ने उसे प्रणाम किया। अगले ही क्षण उपस्थित लोगों ने आश्यर्चचकित होकर देखा कि धनुष राम के हाथों में है। अत्यंत सहजता से उन्होंने धनुष को झुकाकर उसे तोड़ दिया।

"अयोध्या के राजकुमार राम की जय हो !" राम की जय-जयकार चहुंओर गुंजायमान होने लगी। ऐसी शांतचित्तता के साथ दिव्य सफलता की प्राप्ति पर राजकुमार राम पर पुष्प वर्षा होने लगी।

"मैं अत्यंत प्रसन्न और गौरवान्वित हूं कि सीता तुम्हारी अर्द्धांगिनी होगी", जनक ने कहा।

विवाह

शुभ समाचार मिलने पर दशरथ और अन्य परिजन मिथिला पहुंचे। मिथिला में चारों ओर गीत-संगीत, नृत्य और उल्लास का वातावरण था। अत्यंत भव्यतापूर्वक राम और सीता का विवाह संपन्न हुआ।

मिथिला में एक नहीं बल्कि एक साथ चार विवाह संपन्न हुए। दशरथ के अन्य पुत्र भी दांपत्य सूत्र में बंध गए। सीता की छोटी बहन उर्मिला का ब्याह लक्ष्मण के साथ हुआ।

भरत ने मांडवी के साथ सात फेरे लिए। शत्रुघ्न को श्रुतकीर्ति का हाथ सौंपा गया। मांडवी और श्रुतकीर्ति सीता की चचेरी बहनें थीं।

परशुराम

राजा दशरथ अपने राजसी परिवारजनों एवं चारों पुत्रों और पुत्रवधुओं के साथ अयोध्या को लौट गए।

अयोध्या जाने के दौरान एक अत्यंत दिव्य महापुरुष हाथों में तीर-धनुष और परशु लेकर प्रकट हुए। वे परशुराम थे।

महर्षि परशुराम महर्षि जमदाग्नि के सुपुत्र थे। जगदाग्नि की हत्या एक राजा के हाथों हुई थी। यही कारण था कि परशुराम समस्त क्षत्रियों से घनघोर घृणा करते और उन्हें अपना जन्मजात शत्रु समझते थे। अपने पिता की हत्या के प्रतिशोध स्वरूप उन्हें जब भी अवसर मिलता वे क्षत्रियों के विनाश के लिए तत्पर रहते।

परशुराम ने राम को ललकारते हुए कहा "मैंने सुना है कि तुमने जनक के दरबार में भगवान शिव के दिव्य धनुष को तोड़ दिया है। मैं भी देखता हूं कि क्या तुम भगवान विष्णु द्वारा मुझे दिए गए दिव्य धनुष को तोड़ने में सक्षम हो! मैं तुम्हें अपनी धनुष पर प्रत्यंचा चढ़ाने की चुनौती देता हूं। अगर तुमने इसे तोड़ने का साहस किया तो मैं तुम्हें मुझसे द्वंद्व करने का अधिकारी समझूंगा।

राम ने अत्यंत दृढ़ता से परंतु विनम्र शब्दों में कहा "मैं आपकी चुनौती स्वीकार करता हूं। कृपया मुझे अपना धनुष दीजिए।"

राम परशुराम से वह धनुष और तीर ले लेते हैं। राम पूर्ण विनय भाव से आसानीपूर्वक धनुष में प्रत्यंचा चढ़ा देते हैं। जैसे ही राम इस कार्य में सफल हुए परशुराम का क्रोध नम्रता में बदल गया।

परशुराम भक्तिभाव से राम के समक्ष नतमस्तक हुए और महेंद्र पर्वत की ओर चले गए।

परशुराम से इस भेंट के उपरांत अधिक देरी नहीं हुई। दशरथ अपने परिवारजनों सहित जल्दी ही अयोध्या पहुंच गए।

राजकुमार का अभिषेक

राम और सीता एक-दूसरे के प्रति पूर्ण समर्पित थे। हंसी-खुशी के साथ उन्होंने अयोध्या में १२ वर्ष बिताए। उन्होंने अयोध्या के नागरिकों से भरपूर स्नेह और सम्मान अर्जित किया।

एक दिन दशरथ ने अपने दरबार में मंत्रीमंडल, गणमान्य नागरिकों, ऋषि-मुनियों और विद्वानजनों को न्यौता दिया। उन्होंने संबोधित किया कि राज्य संचालन का उत्तदायित्व संभालते हुए अब वह वृद्ध हो चले हैं। उन्होंने बड़े ही गर्व एव आनंद के साथ स्पष्टता से कहा कि "इसलिए मैं युवराज पद पर अपने ज्येष्ठ पुत्र राम का अभिषेक करना चाहता हूं। राम में राजा बनने और राज्य का उत्तरदायित्व संभालने के सारे गुण मौजूद हैं।"

दरबार में उपस्थित समस्त नागरिकों ने हर्षातिरेक से दशरथ के निर्णय का स्वागत किया। अयोध्या के नागरिक इस बात से प्रसन्न थे कि उनके प्यारे राम राजा बनेंगे।

दशरथ ने राम को बुलाया और उन्हें अपने निर्णय से अवगत कराया। राम ने विनम्रतापूर्वक पिता के समक्ष झुककर कहा "हे पिता! आपकी प्रत्येक आज्ञा को पूरा करना मेरा धर्म है।"

आनंद विभोर होकर दशरथ ने राम को अपने सीने से लगा लिया। उन्होंने उसी समय राम को युवराज का मुकुट पहनाने के लिए समारोह की तैयारियों के आदेश दिए।

मंथरा का कुटिल परामर्श

राम के राजतिलक का समाचार अयोध्या में चारों ओर फैल गया। दशरथ की रानियां अपने राजा के निर्णय से उल्लासित थीं। अयोध्या के नागरिक धैर्यपूर्वक राम के राजतिलक समारोह की प्रतीक्षा करने लगे।

एक ओर तो पूरी अयोध्या प्रसन्नता में डूबी थी तो वहीं एक ऐसी महिला भी थी जो इन सबसे नाखुश थी। वह थी रानी कैकेयी की बेहद करीबी दासी मंथरा। उसने भावावेशित होकर कैकेयी से पूछा, "आप राम के युवराज बनने पर प्रसन्न कैसे हो सकती हैं ? आपके पुत्र भरत को युवराज बनना चाहिए।"

उस समय भरत अपने मामा कैकेय के पास थे।

कैकेयी अत्यंत भद्र एवं हृदय की साफ महिला थीं। वह राम से अत्याधिक स्नेह रखती थीं। मंथरा ने कैकेयी को उकसाते हुए कहा, "देखो, कैसी चतुराई से महाराज दशरथ ने राम के राजतिलक का बंदोबस्त तब किया जबकि भरत अभी राज्य से बाहर अपने मामा के पास हैं। आपको भरत के लिए राजगद्दी मांगना चाहिए।"

मंथरा अपनी कुटिल बातों से कैकेयी को यह समझाने में सफल हो गई कि उसे अपने तथा अपने पुत्र भरत के सुख के लिए युवराज का पद भरत के लिए मांगना चाहिए।

"परंतु ऐसे कैसे संभव हो सकेगा, मंथरा ? राम ज्येष्ठ पुत्र हैं और राजगद्दी पर उनका जन्म से अधिकार है। मैं अपने पुत्र भरत का अभिषेक किस प्रकार से करा सकूंगी ?"

तब मंथरा ने कैकेयी को महाराज दशरथ से मिले उन दो वरदानों की याद दिलाई जिन्हें महाराज ने कैकेयी को काफी समय पहले दिए थे।

पूर्व वरदान

एक बार जब दशरथ युद्ध में बुरी तरह से घायल हो गए थे तब उनके साथ उपस्थित कैकेयी ने उनकी प्राण रक्षा के लिए उन्हें युद्धभूमि से दूर ले गई थीं। उन्होंने घायल दशरथ की सेवा-सुश्रुषा की और स्वस्थ कर दिया। कैकेयी के इस कार्य के प्रति कृतज्ञता व्यक्त करते हुए दशरथ ने उन्हें दो वरदान दिए जिन्हें वह किसी भी समय उनसे मांग सकती थीं।

अब, जबकि राम के राजतिलक की तैयारियां जोरों पर थीं, कैकेयी राजा दशरथ को उनसे मिले दो वरदानों की याद दिलाती हैं।

कैकेयी ने दशरथ से कहा, "आपको भरत को युवराज बनाकर राम को १४ वर्षों के लिए वनवास पर भेजना चाहिए। ये दो वरदान हैं जिन्हें मैं आज आपसे मांगती हूं।"

कैकेयी की इन अनुचित मांगों को सुनकर दशरथ हतप्रभ हो शोक में डूब जाते हैं। वे विलाप करते हुए कहते हैं, "मैं अपने प्यारे पुत्र राम को वनवास कैसे भेज सकता हूं ? उससे बिछुड़ने का शोक मैं किस तरह सह सकूंगा?" परंतु कैकेयी टस से मस नहीं हुई।

कैकेयी स्वयं ही महाराज से पूर्व में मिले दो वरदानों की जानकारी राम को देती हैं। वह यह भी कहती हैं कि राम को अपने पिता के दिए वरदानों की रक्षा करनी चाहिए।

इन परिस्थितियों में भी राम शांतचित्त एवं स्थिर रहते हैं। "हे माते ! मैं अपने पिता द्वारा आपको दिए गए वचनों की रक्षा करूंगा। मैं स्वेच्छा से सब कुछ भरत को सौंप दूंगा।"

राम अपने शोक-संतप्त पिता को ढांढस बंधाते हुए कहते हैं - "हे पिता ! मैं आपके प्रति अपने धर्म का पालन करते हुए स्वयं को अत्यंत सौभाग्यशाली मानता हूं। मेरे लिए शोक

न करें। मैं इस बात से प्रसन्न हूं कि आपने जो वचन माता कैकेयी को दिए थे, उन्हें निभाने का अवसर मुझे मिला।"

राम का वन गमन

अपने प्रिय पुत्र राम के १४ वर्षों के वनवास का समाचार सुनकर कौशल्या अचेत हो जाती हैं। सीता और लक्ष्मण भी राम से १४ वर्षों के वियोग के विचार को सहन नहीं कर पाते और वे भी राम के साथ वन गमन को तत्पर हो जाते हैं।

राम के मन में अपने माता-पिता के प्रति अगाध सम्मान और प्रेम भाव था। इन परिस्थितियों में भी वह विचलित नहीं थे। "मुझे संपदा, शक्ति और राज्य की लालसा नहीं है। मैं भरत के लिए प्रसन्न हूं। हे पिता, मुझे आशीर्वाद दीजिए कि मैं आपके वचनों की रक्षा कर सकूं।" राम ने कहा।

राम, सीता और लक्ष्मण ने वन में रहने की दृष्टि से उपयुक्त वल्कल धारण कर लिए। दशरथ ने हठ करते हुए कहा कि सीता अपने आभूषणों का परित्याग न करे क्योंकि वनवास तो राम को मिला है न कि उन्हें। सीता तो वन में राम का साथ निभाने के लिए जा रही हैं।

सूर्य अस्त हुआ। अयोध्या में रात्रि घिर आई। राम के वनगमन का समाचार सुन नगरवासियों को अत्यंत कष्ट हुआ। उनकी आंखों से आंसुओं की अविरल धारा कपोलों पर फूट पड़ी।

राम द्वारा नगरवासियों को शांत करने के प्रयासों के बावजूद नगरवासी अयोध्या के मार्गों से होकर राम, सीता और लक्ष्मण को लेकर जा रहे रथ के पीछे उनकी एक झलक पाने के लिए दौड़ पड़े।

जल्दी ही रथ कौशल राज्य की सीमा तक पहुंच गया। गोधूली बेला तक वे गंगा तट पर पहुंच गए। निषादराज गुह ने तीनों को नाव में बिठाकर नदी पार कराया।

राम ने मंत्री सुमंत्र से विदा ली जो उन्हें राज्य के बाहरी छोर तक छोड़ने आए थे। राम ने सुमंत्र से कहा "आप अयोध्या लौटकर मेरे पिता को संभालिए जो मुझे वन भेजकर शोक संतप्त हैं।"

राम की ऐसी बातों को सुन सुमंत्र फूट पड़े। राम ने उनके आंसू पोछे और सांत्वना दी। "आपसे अधिक निकट हमारे परिवार का हितचिंतक और कोई नहीं। अब यह आपका कर्तव्य है कि आप मेरे पिता को ढांढस बंधाएं और उनके गुस्से को कम करने के लिए जो भी बन सके, करें" विदा होते हुए राम ने सुमंत्र से कहा।

निषादराज ने राम को विदाई देते हुए कहा "यह नाव आपको नदी के उस छोर तक सुरक्षित ले जाएगी। हे राम ! आप सुरक्षित लौटिए। हम सब आपके लिए प्रार्थना करेंगे।"

गंगा पार करने के बाद राम ने महर्षि भारद्वाज का स्मरण किया। भारद्वाज मुनि ने दशरथ पुत्रों और उनकी पुत्रवधु सीता की खूब आवभगत की। मुनिवर के साथ सादा भोजन ग्रहण करने के बाद वे निद्रामग्न हो गए।

चित्रकूट

चित्रकूट के निर्मल वातावरण ने सीता को बेहद प्रभावित किया। "यह वन कितना आकर्षक और मौलिक है। चारों ओर रंगबिरंगे फूल अत्यंत मोहक प्रतीत हो रहे हैं। चिड़ियों के मधुर गीत को तो ज़रा सुनिए !" राम भी वन के सौंदर्य से अभिभूत हो उठे।

राम ने कहा "हम कितने सौभाग्यशाली हैं कि हमें अद्भुत वातावरण में इतने सारे ऋषि-मुनियों और उनके आश्रमों में निवासरत पवित्र लोगों के बीच रहने का अवसर मिला है।"

लक्ष्मण ने उनके लिए मिट्टी का घर एक तैयार किया। घर के दरवाजे और खिड़कियों के लिए बांस और जंगल में पाई जाने वाली दूसरी सामग्रियों का उपयोग किया गया।

पश्चाताप में दशरथ

अयोध्या लौट चुके सुमंत्र से वृद्ध महाराज दशरथ ने ऊंचे स्वर में पूछा "तो तुम राम के बिना ही लौट आए!" इससे पहले कि सुमंत्र कुछ कहते, महाराज दशरथ के अश्रु फूट पड़े।

अपने जीवन की वर्षों पुरानी घटना को याद करते हुए महाराज दशरथ ने कहा "अपनी युवावस्था में किए पाप का दंड मैं अब भोग रहा हूं।"

युवावस्था में दशरथ शब्दभेदी बाण चलाने में सिद्धहस्त थे। एक बार जंगल में शिकार खेलने के दौरान, दशरथ ने ऐसी ध्वनि सुनी मानों कोई जानवर सरोवर के किनारे पानी पी रहा हो। ध्वनि को सुनकर ही दशरथ ने शब्दभेदी बाण छोड़ दिया। परंतु इसके साथ ही उन्होंने एक मनुष्य की मर्मांतक आवाज सुनी।

दशरथ तत्क्षण ध्वनि की दिशा की ओर दौड़ पड़े। यह देख दशरथ भयाक्रांत हो उठे कि उनका शब्दभेदी बाण एक तपस्वी को लगा है और वह तपस्वी भूमि पर मरणासन्न पड़ा है। यह युवा श्रवण कुमार थे जो अपने दृष्टिहीन वृद्ध माता-पिता की सेवा में रत थे। नदी के तट पर वह अपने माता-पिता के लिए पानी लेने पहुंचे थे। वास्तव में नदी तट की ओर से आई ध्वनि को दशरथ शीघ्रता में किसी जानवर के पानी पीने की ध्वनि समझ बैठे थे।

दशरथ अपने लापरवाहीपूर्ण कार्य से ग्लानि से भर उठे। वह मरणासन्न श्रवण कुमार के करीब बैठकर उससे क्षमा याचना करने लगे। श्रवण कुमार के बताए अनुसार दशरथ उनके आश्रम की ओर चल पड़े।

उन्होंने श्रवण कुमार के माता-पिता को जल पिलाया। फिर दशरथ ने विशादपूर्ण स्वर में अपने हाथों हुई घटना का वृतांत कह सुनाया। अपने पुत्र की अकाल मृत्यु का समाचार पाकर वे दोनों शोक में डूब गए।

माता-पिता अपने पुत्र श्रवण कुमार के शव तक पहुंचे और उसका अंतिम संस्कार किया। तत्पश्चात उन्होंने दशरथ को शाप देते हुए कहा, “अपनी वृद्धावस्था में तुम भी उस दुःख के भागी बनोगे जो दुःख तुमने हमें दिया है। हमारी तरह तुम भी अपने पुत्रों से बिछुड़ने की यातनाएं सहोगे!” इन अंतिम शब्दों के साथ उनके प्राण-पखेरू उड़ गए।

विलाप करते हुए दशरथ ने कहा, “मेरा पाप मेरा पीछा कर रहा है, कौशल्या ! असह्य पीड़ा से भरी मेरी यह अवस्था उन्हीं वृद्ध माता-पिता के शाप से हुई है।”

राम से बिछुड़ने की पीड़ा ने दशरथ के हृदय को छलनी कर दिया था। वह विक्षिप्त की भांति पुकार उठते, “हाय राम, हाय लक्ष्मण, राम, सीता, राम...”। दुःखी दशरथ को कोई भी ढांढस नहीं दे पा रहा था। रात्रि घिर आई और फिर अंधकार में किसी पहर अयोध्या के महाराज की सांस टूट गई।

विषादपूर्ण भोर में अयोध्यावासियों ने आंखे खोलीं। दशरथ का देहावसान हो चुका था। अपने शासक के बिना अयोध्या सूनी हो गई थी।

भरत का अयोध्या लौटना

महर्षि वशिष्ठ से बुलावा पाकर भरत और शत्रुघ्न अपने मामा के राज्य से तेजी से अयोध्या की ओर लौट पड़े। नगर पहुंचते हुए भरत को कुछ अपशकुन सा महसूस होने लगा। अयोध्यानगरी के मार्गों पर सामान्य रूप से दिखाई देने वाले नागरिकों का समूह और कोलाहल नदारद था।

जैसे ही भरत का रथ राजभवन पहुंचा, वह दौड़कर अपने पिता से भेंट करने राजभवन के अंदर गए। उनकी मुलाकात कैकेयी से हुई जिन्होंने भरत को पिता के देहावसान का समाचार सुनाया। यह सुनकर शोकमग्न भरत के मुख पर अश्रुओं की अविरल धारा फूट पड़ी।

कैकेयी ने कहा, “अब अयोध्या का राज तुम्हारा है ! अयोध्या के उत्तराधिकारी को इस तरह विलाप करना शोभा नहीं देता। उठो मेरे पुत्र ! स्वयं को उस प्रतिष्ठा के लिए तैयार करो जो तुम्हारी ओर आ रहा है।”

अब तक भरत यह अच्छी तरह समझ चुके थे कि उनकी अनुपस्थिति में अयोध्या में क्या घटनाएं घटीं। भयंकर क्रोध से आवेशित होते हुए वह अपनी माता पर बिफर उठे।

“आप मेरे पिता की मृत्यु का कारण हो। मेरे आदर्श भ्राता को आपने वनवास दिया। क्या आपको नहीं पता कि मैं अपने भ्राता राम से कितना प्रेम करता हूं। वे मेरे लिए कितने

विशिष्ट हैं ? आप यह सोच भी कैसे सकती हैं कि जिस राज्य पर न्यायोचित अधिकार भ्राता राम का है मैं वह उनसे छीनकर प्रसन्न होऊगां ?"

कैकेयी ने अपने कृत्य को सही ठहराने का भरसक प्रयत्न किया। परंतु उनकी किसी भी बात से भरत की ग्लानि कम नहीं हुई। भरत ने कहा "मुझे आपको अपनी माता कहते हुए भी घृणा हो रही है।" वह अपने भ्राता राम से क्षमा याचना करना चाहते थे। वह राम को अयोध्या वापस लाकर राज्य के शासक के रूप में उनके न्यायोचित पद पर आसीन देखना चाहते थे।

भरत के कटु वचनों को सुनकर कैकेयी ने अपना सुध-बुध खो दिया। उन्होंने भरत से

कातर स्वर में कहा, "हे पुत्र ! मुझे क्षमा करो। मेरी बुद्धि भ्रष्ट हो गई थी। मैं तुम सभी के दुःखों का कारण हूं।"

राम-भरत मिलाप

बिना एक क्षण गंवाए, राम को अयोध्या वापस लाने भरत वन की ओर कूच कर गए। तीनों राज माता कौशल्या, सुमित्रा और कैकेयी भी उनके साथ वन की ओर गईं।

उधर वन में वृक्ष के शिखर पर बैठे लक्ष्मण ने दूर से भरत को सेना सहित अपनी ओर आते देखा। भरत के इरादों पर शंका करते हुए लक्ष्मण ने उनसे युद्ध करने की तैयारी कर ली।

"क्या तुम हमारे भरत को नहीं जानते ? वह धर्म के मार्ग को जानता है। उससे न तो युद्ध करना है और न ही उसे कोई क्षति पहुंचाना है। उसे आने दो। वह यहां मुझे राज्य लौटाने के लिए आ रहा है", राम ने कहा।

राम के वचनों को सुनकर भरत के प्रति अपने निकृष्ट विचारों से लक्ष्मण लज्जा से नतमस्तक हो गए।

भरत को देखकर राम प्रसन्न हुए और उन्हें अपने सीने से लगा लिया। उन्होंने पिता के बारे में पूछा। जब भरत ने पिता की मृत्यु का समाचार दिया तो राम दुःखी होकर विलाप करने लगे। राम, लक्ष्मण और सीता ने नदी में डुबकी लगाई और पिता को श्रद्धांजलि दी।

भरत राम के चरणों में गिर पड़े। अपनी माता के कृत्य पर क्षमा मांगते हुए उन्होंने कहा, "हे अग्रज ! अयोध्या को लौट चलिए। एक मात्र आप ही अयोध्या के राजा बनने के अधिकारी हैं।"

"यह मेरा धर्म है कि मैं अपने पिता के वचनों का सम्मान रखूं। तुम्हें भी वही करना चाहिए जो उनकी इच्छा थी - तुम अयोध्या के राजा बनो", राम ने कहा।

कैकेयी ने अपने कृत्य पर पश्चाताप करते हुए राम से लौट चलने को कहा। परंतु राम अपने पिता के वचनों की रक्षा के प्रति अडिग रहे।

भारी मन से भरत राम के बिना अयोध्या लौटने को तैयार हुए। उन्होंने कहा, "मैं वापस जाता हूं। परंतु अपने साथ आपकी चरण पादुकाओं को लिए जाता हूं। इन पादुकाओं

को राज सिंहासन पर रखकर मैं आपकी अयोध्या वापसी तक आपके नाम से राज्य संचालन करूंगा।"

राम के चरण पादुकाओं को लेकर भरत अयोध्या को लौट गए।

नंदीग्राम में भरत

अयोध्या लौटने पर भरत ने राजगद्दी पर चरण पादुकाएं स्थापित कीं। भरत ने अयोध्यावासियों से कहा, "राम हमारे राजा हैं। उनके लौटने तक, मैं उनके सेवक के रूप में अयोध्या के नागरिकों की रक्षा का दायित्व लेता हूं।"

भरत अयोध्या के बाहरी परिसर में स्थित नंदीग्राम में ठहर गए और अपने अग्रज भ्राता की तरह एक संन्यासी का जीवन अपना लिया। अपने निपुण मंत्रीमंडल की मदद से वे राज्य का संचालन नंदीग्राम से करने लगे।

पंचवटी

भरत के अयोध्या लौटने के बाद, दोनो भाई और सीता दंडक वन के घने क्षेत्र में प्रवेश कर गए। अनेक ऋषि-मुनियों से उनकी भेंट हुई। उन्होंने अनेक पीड़ादायी राक्षसों से ऋषि-मुनियों की रक्षा की।

फिर वे पंचवटी के निचले क्षेत्र में गोदावरी नदी के तट की ओर प्रस्थान कर गए।

राम ने चारों ओर देखकर कहा "हम सघन वनों से युक्त पर्वतों से घिरे हुए हैं।"

"यहां देखिए, गोदावरी का निर्मल नीला जल कितनी शांति से बह रहा है ! नदी की रेत

सूरज की किरणों से चमक रही है ! अहा ! वहां देखिए! हिरणों के झुंड प्रसन्नतापूर्वक कुलांचे भर रहे हैं। सीता ने उत्सुकता से कहा।

जंगल के इन प्राणियों, आकाश में उड़ते और पेड़ की शाखाओं में झुंड में बैठकर कलरव कर रहे पंछियों को देख सीता प्रसन्नता से भर उठीं।

राम ने लक्ष्मण से कहा, "हे लक्ष्मण, अब हमें यहीं विश्राम करना चाहिए। तुम यहां एक उपयुक्त स्थान ढूंढकर हमारे लिए आश्रम का निर्माण करो।" लक्ष्मण आश्रम निर्माण के लिए वस्तुएं एकत्र करने लगे। देखते ही देखते उन्होंने मिट्टी की दीवाल तैयार कर उसे घास-फूस के छप्पर से ढंक दिया। वे आनंद भरे वातावरण में अपने नए निवास में रहने लगे।

जिस पंचवटी क्षेत्र में वे निवासरत थे वह महाराज दशरथ के मित्र पक्षीराज जटायू का था। वृद्ध जटायू ने कहा कि "आपके पिता मेरे परम मित्र थे। मैं अत्यंत प्रसन्न हूं कि आप लोगों ने वन के इस क्षेत्र को अपने रहने का स्थान चुना।"

शूर्पणखा

एक दिन जब सीता और दोनों भाई अपने आश्रम के बाहर बैठकर आपस में बातचीत कर रहे थे उसी समय एक सुंदर महिला उनके सामने प्रकट हुई।

उसने हुंकार भरते हुआ कहा, "मैं बलशाली रावण की सामर्थ्यवान और सबल बहन शूर्पणखा हूं।" राक्षसराज दशानन रावण लंका का राजा था।

यूं तो सूपर्णखा कुरूप थी परंतु उसके पास मायावी शक्तियां थीं। उसने राम को आकर्षित करने के लिए एक सुंदर महिला का रूप धरा था।

राम ने विनम्रता से उसे बताया कि वह दशरथ नंदन हैं और अपनी पत्नी सीता तथा भाई लक्ष्मण के साथ इस जंगल में निवासरत हैं।

"इस जंगल में सब मुझसे भयभीत हैं। लेकिन जिस क्षण मेरी आंखे तुम पर टिकीं, मुझे तुमसे प्रेम हो गया।" शूर्पणखा ने अहंकार से कहा।

जब शूर्पणखा को यह लगा कि राम की रूचि उसमें नहीं है तो उसने लक्ष्मण से प्रणय निवेदन करने का प्रयास किया। जब लक्ष्मण ने भी उसे नकार दिया तो वह क्रोध में आकर सीता को मारने दौड़ी। लक्ष्मण ने तत्परता से अपनी तलवार निकाली और सूपर्णखा की नाक काट दी। दर्द और गुस्से से चिल्लाती हुई सूपर्णखा जंगल की ओर भाग खड़ी हुई।

दशरथ पुत्रों से अपने अपमान का बदला लेने के लिए वह दंडकारण्य क्षेत्र के जनस्थान के अधिपति अपने भाई खर नामक राक्षस के पास गई।

वह गरजते हुए बोली, "भईया, देखो ! दशरथ पुत्रों ने मेरा क्या हश्र किया। अभी जाओ और उनका वध करो।"

शूर्पणखा के नेतृत्व में खर अपनी सेना लेकर पंचवटी की ओर कूच कर गया। फिर एक भीषण युद्ध हुआ।

राक्षसों ने राम पर तीर-बरछियों से हमला किया। राम-लक्ष्मण ने बड़ी ही कुशलता से राक्षसों को प्रत्युत्तर देते हुए अधिकांश राक्षसों को यमलोक पहुंचा दिया। इनमें खर का भाई दूषण भी शामिल था। युद्ध के चरम पर खर ने राम पर गदा से आक्रमण किया जिसे राम ने अपने तीरों से टुकड़ों में बांट दिया। जल्दी ही खर भी दूसरे राक्षसों की भांति मारा गया।

रावण ने लिया सीताहरण का निर्णय

जब शूर्पणखा ने अपने भाई खर और दूषण को राम के हाथों पराजित होते और मरते देखा वह और भी आगबबूला हो उठी। वह राम से बदला लेने के लिए रावण के पास गई।

"तुम यहां शांतिपूर्वक कैसे बैठ सकते हो जबकि दो वल्कलधारी साधारण मानवों से तुम्हारे राज्य को खतरा है।" शूर्पणखा ने रावण से पूछा। "तुम्हें उन दोनों को सबक सिखाना है। उस सुंदर स्त्री सीता को तुम अपनी पत्नी के रूप में वरण करो। अपनी प्रियतम सीता से अलग होकर राम निश्चय ही दुःख से मर जाएगा।" उसके बाद शूर्पणखा ने सीता के रूप का बखान किया।

स्वर्ण मृग

रावण ने सीता के अपहरण का षड्यंत्र रचा। अपनी मंशा को पूर्ण करने के लिए उसने अपने विमान से समुद्र को पार किया। उसके साथ उसका चाचा मारीच भी था।

जैसे ही वे दोनों पंचवटी पहुंचे, मारीच ने सीता का ध्यान आकर्षित करने के लिए सोने के हिरण का रूप धर लिया। रावण झाड़ियों के पीछे छिप गया।

जिस समय सीता ने रजत चित्तियों से युक्त स्वर्ण मृग को देखा उस समय वह वन में पुष्प चुन रही थीं। अपने सामने विचरते सोने के हिरण को देख सीता सम्मोहित हो उठीं।

वह राम को स्वर्ण मृग दिखाकर अनुनयपूर्वक बोलीं, "इस चपल मृग को तो देखिए। इस स्वर्ण मृग को मेरे पास ले आईए। हम इसे पालेंगे।"

सीता के अनुरोध को राम नहीं टाल सके। सीता की रक्षा का भार लक्ष्मण को सौंपकर वे मृग के पीछे जंगल की ओर चले गए। हिरण उछलते-कूदते हुए राम के आश्रम से दूर गहन वन की ओर भाग गया। जब हिरण का पीछा करते हुए राम थक गए उन्होंने हिरण पर तीर चला दिया।

राम के बाण से घायल होकर मारीच अपने असली रूप में आ गया और राम की आवाज की नकल करते हुए वह ज़ोर से चिल्लाया, "आह सीता ! आह लक्ष्मण ! और अगले ही पल उसने प्राण त्याग दिए।

सीता ने वह चीख सुनी, "आह सीता ! आह लक्ष्मण !" उन्होंने सोचा कि राम किसी संकट में हैं। लक्ष्मण ने सीता को खूब समझाने का प्रयत्न किया कि यह चाल किसी राक्षस की हो सकती है। परंतु सीता नहीं मानीं और राम को बचाने और संकट से उबारने का हठ करने लगीं। लक्ष्मण अनिच्छा से सीता को अकेला छोड़ जंगल की ओर चले गए। परंतु जाने से पूर्व उन्होंने सीता को आगाह कर दिया। उन्होंने सीता को अपनी अनुपस्थिति में आश्रम से बाहर न जाने का अनुरोध किया।

सीता हरण

घनी झाड़ियों के बीच छुपा रावण राम के आश्रम के बाहर की इन घटनाओं को देख रहा था। जैसे ही उसने सीता को अकेला पाया, वह झाड़ियों से बाहर निकल आया। भगवा वस्त्रों में हाथों में कमंडल और दंड ले एक साधु का रूप धरकर वह सीता की ओर बढ़ चला।

सीता ने उसे एक संन्यासी समझकर भीक्षा में कुछ फल देने चाहे। याचक बना रावण भीक्षा के फलों को एक ओर फेंक अपने असली रूप में आ गया। "मैं तुम्हें अपनी पटरानी बनाने के लिए ले जाने आया हूं। आओ, तुम्हें मैं अपने राज्य लंका ले चलूं।"

रावण ने बलपूर्वक सीता को अपने विमान में बैठा लिया और आकाश की ओर उड़ चला। इस अप्रत्याशित घटना से सीता हतप्रभ रह गईं। उन्होंने राम और लक्ष्मण को मदद के लिए पुकारा।

"हे प्रभो ! आप कहां हैं ? यहां एक दुष्ट राक्षस ने मुझ पर अपनी बुरी नजर डाली है। बचाओ, बचाओ ! हे मेरे विश्वासपात्र भाई लक्ष्मण ! मुझे इस दैत्य से बचाओ।"

जैसे-जैसे रावण का विमान आकाश में और ऊंचा उठता गया, सीता ने पूरी प्रकृति से अपनी रक्षा की गुहार लगाई। उन्होंने विलाप करते हुए दंडकारण्य के वृक्षों और जीव-जंतुओं से कहा कि वे राम को उनकी प्यारी सीता की व्यथा कह सुनाएं।

जटायू और रावण का द्वंद्व

जटायू ने सीता का आर्तनाद सुना। वे तत्काल उड़कर रावण के सामने पहुंच गए।

"हे ज्ञानी राजा ! आप तो प्रजा के रक्षक हैं। समस्त नारी जाति का सम्मान और उनकी रक्षा आपका कर्तव्य है।"

जटायू ने रावण से सीता को छोड़ देने का अनुरोध किया परंतु राक्षसराज ने सीता को नहीं छोड़ने का मन बना लिया था।

जटायू बूढ़े हो चले थे। उनके पास लड़ने को हथियार भी नहीं थे। इसके बावजूद उन्होंने खड़े रहकर तमाशा देखने की बजाए सीता को छुड़ाने के लिए रावण से भिड़ जाना श्रेयस्कर समझा। "यदि तुम कायर नहीं हो तो अपने रथ से उतरो और मुझसे द्वंद्व करो।" वृद्ध जटायू ने रावण को ललकारा।

पक्षीराज जटायू ने अपने तीखे पंजो से रावण का मांस नोच लिया। उन्होंने लंकापति के रथ को कई टुकड़ों में तोड़कर रथ खींच रहे खच्चरों का वध कर दिया। एक नायक की भांति

जटायू ने द्वंद्व किया। परंतु रावण बूढ़े जटायू पर भारी पड़ा। उसने पक्षीराज के पंख और पंजे काट डाले। गंभीर रूप से घायल पक्षीराज धरती पर गिर पड़े।

जटायू में अपने पिता की परछाइ देख रही सीता को उनकी दुर्दशा देख अत्यंत दुःख और विषाद हुआ।

रावण सीता को मजबूती से पकड़कर ऊंचे आकाश में उड़ गया। अनेक नदियों और पर्वतों को पार करते हुए वह लंका की ओर जाने लगा। जब सीता ने नीचे धरती की ओर देखा तो उन्हें पर्वत पर खड़ी कुछ आकृतियां दिखीं। सीता ने त्वरित निर्णय लेते हुए उसी क्षण अपने आभूषण उतारे और उनमें से कुछ नीचे धरती पर फेंक दिए। उन्हें यह आशा थी कि जब राम उन्हें ढूंढेंगे तब आभूषण उनके लिए दिशा संकेतक का काम करेंगे।

लंका में सीता

लंका पहुंचने पर रावण ने सीता को अशोक वाटिका में स्थान दिया। उसने राक्षसियों को आदेश दिया कि वे सीता पर नजर बनाए रखें। रावण ने सीता को सोने के आभूषणों, धन-संपदा सहित अनेक तरह के प्रलोभन देने के प्रयास किए पर सीता ने उन पर ध्यान नहीं दिया।

सीता ने निर्भीक होकर रावण को यह चुनौती दी, "मुझे पा लेने का ख्याल भी अपने दिल से निकाल दो। यह सिर्फ समय की बात है। राम मुझे ढूंढ निकालेंगे और यहां से सुरक्षित ले जाएंगे। तुमने अपने घृणास्पद और लज्जाजनक कार्य से अपनी बर्बादी की जो पृष्ठभूमि रची है उससे नहीं बच पाओगे।"

सीता के अडिग वचनों को सुन रावण क्रोधित हो उठा। रावण ने सीता को उसकी रानी बनने के विषय में सोचने के लिए बारह महीने का समय दिया।

अशोक वाटिका वृक्षों, लताओं और फूलों से भरी-पूरी जगह थी। हिरण और मोर उपवन में मुक्त निर्भय हो विचरण करते थे। कुमुदिनी और कमल के फूल अशोक वाटिका के तरणताल में शोभायमान थे जिसमें हंस और बतख तैरते रहते थे। इन प्राकृतिक दृश्यों के बीच सीता का निश्चय और भी पक्का हो गया तथा वह सोचने लगीं कि जल्दी ही राम दुष्ट रावण के चंगुल से उन्हें छुड़ा लेंगे।

जटायू से राम को मिला सीता का समाचार

उधर, दंडकारण्य में राम और लक्ष्मण को यह भान हुआ कि दैत्यों ने स्वर्ण मृग के माध्यम से उनके साथ छल किया। वे दौड़ते हुए आश्रम पहुंचे पर सीता उन्हें नहीं मिलीं।

अपार दुःख से राम विलाप करने लगे। "मुझे जिस बात का डर था वहीं हुआ! मुझे लगता है कि राक्षसों ने सीता का निवाला बना लिया होगा! हमें उसे अकेला नहीं छोड़ना चाहिए था।"

लक्ष्मण ने अपने अग्रज को शांत करने का प्रयास किया। वे दोनों सीता की खोज में जुट गए। उन्होंने अपने आश्रम के चारों ओर स्थित घने वनों, पहाड़ियों एवं पर्वतों और नदी तट पर गहरी छानबीन की। सौभाग्य से उन्हें सीता के कुछ स्वर्ण मंडित मनके और पुष्प आभूषण दिखे जिन्हें सीता ने रावण द्वारा अपहरण किए जाने के दौरान धरती पर फेंक दिए थे। जिन मार्गों पर राम और लक्ष्मण ने सीता के फेंके संकेतकों को देखा वे उसी पर बढ़ गए और आखिरी सांस ले रहे जटायू तक पहुंचे।

जटायू ने राम को बताया कि लंकापति रावण ने उनकी प्राणप्रिय अर्द्धांगिनी का हरण कर लिया है। यह समाचार सुनाकर जटायू स्वर्ग सिधारे।

राम ने पक्षीराज जटायू को पिता तुल्य मानते हुए उनका अतिंम संस्कार किया।

कबंध द्वारा राम को सुग्रीव तक पहुंचने का मार्ग बताना

राम और लक्ष्मण लगातार सीता की खोज में लगे रहे। उनका मन आशा और निराशा के बीच गोते लगाता रहा।

सीता की खोज कर रहे राम और लक्ष्मण के सामने अचानक एक कुरूप आकृति प्रकट हुई। वह एक दैत्य था जिसके सिर और पांव नहीं थे। उसका मुंह उसके घड़े के समान पेट पर उभरा हुआ था। उसकी सिर्फ एक ही आंख थी जो उसके सीने पर बनी थी। उसने अपने विशाल भुजाओं से दोनों भाइयों को पकड़ लिया।

दोनों भाइयों ने तत्क्षण दैत्य की भुजाओं को काट दिया। दैत्य ने राम से कहा, इंद्र "मैं कबंध हूं। अपने कर्मों के कारण मैं अपनी इस कुरूप और हीन अवस्था का दंड भुगत रहा हूं। मुझे इंद्र ने श्राप दिया था।" इंद्र देवताओं के राजा थे।

कबंध ने आगे कहा, "आप पंपा नदी के किनारों पर जाएं। वहां ऋष्यमूक पर्वत पर सुग्रीव से भेंट करें। उसे अपना मित्र बनाएं। वे सीता की खोज में आपकी मदद करेंगे।" यह कहकर कबंध वहां से गायब हो गया।

सुग्रीव एक वानर था जिसे उसके बलशाली भाई बाली ने उसके राज्य से निकाल दिया था। राज्य से निकाले जाने के बाद उन्होंने ऋष्यमूक पर्वत पर शरण ली थी।

राम और लक्ष्मण कबंध के बताए अनुसार सुग्रीव से मिलने पंपा नदी की ओर चल पड़े।

शबरी

मार्ग में वे शबरी आश्रम में रूके। शबरी अनेक वर्षों से राम की प्रतीक्षा कर रही थीं। उनके गुरू ऋषि मतंग ने उन्हें बताया था कि एक दिन राम उनके पास आएगें। इतने वर्षों में शबरी ने राम की धैर्यपूर्वक प्रतीक्षा की। दोनों भाइयों ने कुछ समय साध्वी शबरी के आश्रम में बिताया। शबरी ने उन्हें वन से एकत्रित किए हुए फल खिलाए। अपने इष्ट राम के दर्शन कर शबरी परलोक सिधारी।

सुग्रीव

दुश्मन बन चुके अपने भाई बाली से छिपकर रहने वाले सुग्रीव दोनों भाइयों को अपनी ओर आता देख शंका से भर उठे। उन्होंने सोचा कि शायद ये बाली के भेजे आदमी हैं जो उन्हें नुकसान पहुंचाने आ रहे हैं। उन्होंने अपने भरोसेमंद सहयोगी हनुमान से उनके विषय में पूछा और यह पता लगाने को कहा कि इनके यहां आने का क्या उद्देश्य है।

हनुमान ब्राह्मण का वेश बनाकर राम और लक्ष्मण के पास पहुंचे। दोनों भाइयों ने सीता हरण की कथा कह सुनाइ। परिचय जानकर हनुमान अपने वास्तविक स्वरूप में आए और दोनों को सुग्रीव के पास लेकर गए।

सुग्रीव और दशरथपुत्रों के बीच जल्दी ही आत्मीय संबंध बन गए। राम ने सुग्रीव को यह वचन दिया कि वे बाली से उनका राज्य वापस पाने में मदद करेंगे। सुग्रीव ने भी सीता की खोज में राम को सहयोग देने का वचन दिया।

बाली अत्यंत बलशाली और अजेय था। राम का समर्थन पाकर सुग्रीव ने बाली को द्वंद्व के लिए ललकारा।

पेड़ के पीछे छिपकर खड़े राम ने बाली पर तीर चलाया जिसने तत्क्षण उसके प्राण हर लिए।

सुग्रीव को वानरों के राज्य किष्किंधा का राजा बनाया गया। तत्पश्चात उन्होंने अपना ध्यान उन वचनों को पूरा करने पर लगाया जो उन्होंने राम को दिए थे। उन्होंने अपनी वानर सेना इकट्ठी की और उसके चार दल बनाए। प्रत्येक दल को उन्होंने सीता की खोज में पूर्व,

पश्चिम, उत्तर और दक्षिण दिशा की ओर भेजे।

दलों का नेतृत्व हनुमान, जाम्बवंत और अंगद जैसे वानर शूरवीरों ने किया।

राम ने हनुमान को अपनी मुद्रिका देते हुए कहा, "जब तुम्हें सीता मिले, उन्हें यह दे देना। उन्हें यह विश्वास हो जाएगा कि तुम मेरे संदेशवाहक हो।

सीता की खोज

जैसे ही वृद्ध संपाति ने जटायू का नाम सुना, वह सावधान हो गए। जटायू उनके छोटा भाई थे जो चित्रकूट के जंगलों में निवासरत थे।

"तुम मेरे प्रिय भाई जटायू को कैसे जानते हो ? तुमने कहा कि वह परलोक सिधार गया ! क्या रावण ने उसका वध किया ? संपाति पूछने लगे।"

संपाति और जटायू भोर के देवता अरूण के पुत्र थे। जब वे दोनों बालक थे, तब उनके बीच इस बात की प्रतियोगिता होती कि कौन आकाश में सबसे अधिक ऊंचा उड़ सकता है। ऐसी ही किसी स्पर्धा में जब जटायू उड़ते-उड़ते सूरज के खूब निकट पहुंच गए तो सूरज की तेज किरणों से उनके परों के जल जाने का खतरा उत्पन्न हो गया। उनकी रक्षा के लिए संपाति ने तत्काल अपने डैने जटायू के ऊपर पसार दिए। इससे उनके पंख जल गए। अब वह उड़ नहीं सकते थे। वह एक पर्वत पर गिर पड़े।

उसके बाद से वह पहाड़ी की चोटी पर रहने लगे क्योंकि वह अपने स्थान से कहीं भी आने-जाने में अक्षम थे।

संपाति की जिज्ञासा को शांत करते हुए वानरों ने उन्हें राम, लक्ष्मण और सीता के वनगमन, सीता हरण और सीता को बचाने के प्रयास में जटायू की वीरगति की कहानी कह सुनाई।

संपाति अपने भाई जटायू का समाचार सुन शोक संतप्त हो उठे। वह नहीं चाहते थे कि जटायू के प्रयास व्यर्थ चले जाएं। हालांकि संपाति वृद्ध और कमजोर थे परंतु उनकी दृष्टि तीक्ष्ण थी। वह बहुत दूर की चीजों को भी साफ देख सकते थे। संपाति ने दूर-दूर तक अपनी नजरें डालीं और बताया कि सीता समुद्र के पास दक्षिण में राक्षसियों से घिरी हुई हैं।

संपाति से यह सुराग पाकर वानर दल में नए उत्साह का संचार हो गया।

वानर सेना को लंका पहुंचने के लिए विशाल समुद्र को लांघना था। वे हतप्रभ हो सोचने लगे कि आखिर उनमें से कौन ऐसा है जो समुद्र को लांघ पाने में सक्षम है। ऐसे में जब दूसरे वानर एक-दूसरे को अपनी शक्तियों का बखान कर रहे थे, उन्हीं में एक ऐसा भी था जो सबसे अलग शांति से बैठा था। वह थे, पवन पुत्र हनुमान।

हनुमान

एक बार बाल्यावस्था में हनुमान सूरज को फल समझकर उसे पकड़ने के लिए आकाश में उड़ गए थे। देवताओं के राजा को यह भय हुआ कि वह सूरज को उनसे छीन लेंगे। आकाश में सूरज की ओर बढ़ रहे हनुमान पर उन्होंने वज्र से प्रहार किया। इससे हनुमान के जबड़े पर आघात हुआ और वह पर्वत पर गिर पड़े। अपने पुत्र की दशा देखकर वायु को क्रोध आ गया। वह एक ही स्थान पर ठहर गए। वायु के अभाव में चहुं ओर त्राही-त्राही मच गई। समस्त जीव-जंतुओं का दम घुटने लगा।

सभी देवताओं ने वायु से खूब अनुनय-विनय किया। ब्रह्मा और इंद्र स्वयं हनुमान के समक्ष प्रकट हुए और उन्हें अनेक वरदान दिए। उन्होंने कहा, "तुम्हें कोई भी अस्त्र-शस्त्र हानि नहीं पहुंचा सकता। तुम अमर रहोगे।"

बाल हनुमान अत्यंत चपल और शरारती थे। उनके उपद्रवों से परेशान होकर वन में निवासरत एक मुनि ने उन्हें शाप दिया कि वह अपनी शक्तियों को तब तक के लिए भूल जाएंगे जब तक कि उन्हें यह याद न दिलाया जाए कि वे कितने शक्तिशाली हैं। अत्यंत बुद्धिमान भालू जाम्बवंत इस तथ्य को जानते थे। उन्होंने समस्त वानरों को हनुमान को चारों ओर से घेर लेने का आग्रह किया। "हनुमान ! तुम अकेले ही अपार जलराशि को

लांघ सकते हो।" जाम्बवंत ने कहा। और इस प्रकार उन्होंने हनुमान को उनकी अपरीमित शक्तियों की याद दिलाई। दूसरे वानरों ने भी उन्हें एकस्वर में "हां हनुमान, आप कर सकते हैं, आप कर सकते हैं "कहकर उनका उत्साहवर्धन करने लगे।

जैसे-जैसे वानरों का स्वर तेज होता गया, हनुमान का आकार भी बढ़ने लगा। जल्दी ही उनकी लंबाइ ताड़ के वृक्ष जैसी हो गई। पर्वत के जिस स्थान पर हनुमान ने अपने पांव धरे वह हिस्सा धंस गया।

हनुमान का समुद्र लंघन

देखते ही देखते हनुमान पर्वत से ऊपर की ओर उठे। इस दौरान कई वृक्ष भी जड़ों से उखड़कर आकाश में उड़ गए। हनुमान आसमान में और भी ऊंचाइयों की ओर उठकर लंका की ओर बढ़ चले।

लंका की ओर बढ़ रहे हनुमान को मेनाक पर्वत ने देखा। पर्वत मेनाक हनुमान के पिता वायु के मित्र थे। उन्होंने हनुमान को अपने शिखर पर थोड़ी देर विश्राम करने का अनुरोध किया। हनुमान ने विनम्रतापूर्वक कहा, "आपका धन्यवाद! परंतु मेरे लिए प्रभु श्रीराम का काम सबसे पहले है।" और यह कहकर हनुमान उन्हें पीछे छोड़ लंका की ओर बढ़ चले।

सहसा, हनुमान को महसूस हुआ कि कोई शक्ति उन्हें नीचे की ओर खींच रही है। यह एक समुद्री दैत्य था जिसने हनुमान की परछाई को पकड़ रखा था। दैत्य ने हनुमान को ललकारा कि वह उसके मुख में प्रवेश कर साबुत बाहर निकलकर दिखाएं। हनुमान ने उसकी चुनौती स्वीकार करते हुए अपना आकार और बड़ा कर लिया। उन्हें निगलने के लिए दैत्य ने अपना मुख और भी बड़ा कर लिया। फिर अचानक एक मक्खी जितने स्वरूप में आकर हनुमान दैत्य के मुख में प्रवेश कर उससे बाहर निकल आए।

लंका में हनुमान

जल्दी ही हनुमान लंका पहुंच गए। वे अपने वास्तविक स्वरूप में पहुंचकर एक वृक्ष की शाखा पर जा बैठे और लंका का मुआयना करने लगे। त्रिकुट पर्वत पर स्थित लंका नगरी अत्यंत वैभवशाली थी। यह नगरी चारों ओर से विशाल दुर्ग से घिरी हुई थी। नगर में अप्रतिम आभायुक्त आलीशान प्रासाद, महल और उद्यान थे।

तभी लंका की नगर रक्षक देवी ने उन्हें देख लिया। हनुमान ने उन्हें एक ओर धकेल दिया। उन्होंने हनुमान को आगे बढ़ने का रास्ता दिया। ऐसी भविष्यवाणी थी कि जिस दिन कोई वानर नगर रक्षक देवी को हरा देगा उस दिन से रावण की नगरी के दुर्दिन शुरू हो जाएंगे।

चारों ओर से ऊंची और उभेद्य दीवारों से घिरी लंका नगरी के चप्पे-चप्पे पर प्रहरी और सैनिक तैनात थे। परंतु एक वानर के वहां से गुजरने पर किसी ने ध्यान नहीं दिया।

हनुमान सीता की खोज में राजप्रासाद में घूमते रहे। उन्होंने महलों के हर एक कक्ष में जाकर सीता का पता लगाया। परंतु वह उन्हें कहीं न मिलीं।

हे प्रभु, हे मेरे राम ।

तभी हनुमान की नजर लंका के उस हिस्से पर पहुंची जहां उन्होंने अभी तक सीता की खोज नहीं की थी। यह ऊंची दीवारों से घिरी वैभवशाली अशोक वाटिका थी।

हनुमान बिना देरी किए वाटिका की दीवार पर चढ़ गए। जब तक दीवार फांदकर हनुमान एक घने हरे-भरे वृक्ष की शाखा तक पहुंचते, दिन ढल चुका था। उन्होंने सीता को देखने के लिए वाटिका के चारों ओर दृष्टि डाली।

हनुमान ने एक वृक्ष के नीचे एक स्त्री को देखा जो राक्षसियों से घिरी हुई थीं। दैवीय आभा से युक्त वह महिला आसपास की राक्षसियों से बिल्कुल अलग प्रतीत हो रही थीं। हनुमान के हृदय ने कहा कि यही प्रभु राम की सीता हैं जिसे वह ढूंढ रहे हैं।

राम की गाथा सुनकर एक ओर तो सीता प्रसन्न हुइं परंतु वहीं वह भयभीत भी हो उठीं। " आखिर यह कौन है जो मेरे प्रभु श्री राम की गाथा गा रहा है ? हो न हो यह कोइ राक्षस है जो मुझे भरमाने का प्रयत्न कर रहा है।"

गाने वाले की तलाश में सीता ने चारों ओर दृष्टि दौड़ाइ। जब उन्होंने ऊपर की ओर देखा, हनुमान वृक्ष से नीचे कूद पड़े और उनके सामने खड़े हो गए। उन्होंने सीता को बताया कि वह प्रभु श्रीराम के दूत हैं। हनुमान ने सीता हरण के बाद राम के दुःख और संताप की पूरी कथा सुनाइ। उन्होंने बताया कि कैसे श्री राम ने उनकी खोज के लिए सुग्रीव की सहायता ली है। हनुमान से सारी बात सुनकर सीता का हृदय प्रफुल्लित हो उठा। " हे माता, प्रभु श्री राम ने मुझे अपने संदेशवाहक होने का प्रमाण देने के लिए यह वस्तु आपको देने के लिए कही है। " हनुमान ने सीता को मुद्रिका सौंपते हुए कहा।

उन्होंने हनुमान से वह मुद्रिका ली और अपनी आखों से लगा लिया। ऐसा प्रतीत हुआ मानों इस प्रकार वह स्वयं श्रीराम को देख रही हैं।

"मेरी यह इच्छा है कि प्रभु श्रीराम यहां आएं और रावण से छुड़ाकर ले जाएं। उस दैत्य के दिए बारह महीनों में से अब मात्र दो महीने ही शेष हैं। " सीता ने हनुमान को बताया।

" निश्चित ही माते, प्रभु श्रीराम आपको इन राक्षसों के चंगुल से छुड़ाकर जल्दी ही ले जाएगें। " हनुमान ने सीता को ढांढस बंधाया।

जब हनुमान की विदाइ का क्षण आया, सीता ने उन्हें अपने गहने देते हुए कहा, " तुम मुझसे मिले थे इस बात के प्रमाण के तौर पर इन गहनों को देखकर प्रभु श्री राम प्रसन्न होंगे। किष्किंधा पहुंचकर उन्हें यह भेंट देना। "

हनुमान का क्रोध

हनुमान राक्षसों के हृदय में भय का संचार करना चाहते थे। इसलिए उन्होंने अशोक वाटिका के वृक्षों को तहस नहस करना शुरू कर दिया। अपने आसपास हो रहे शोर को

सुनकर निद्रा में सोईं राक्षसियां जाग गईं।

जैसे ही हनुमान ने उन पर झपट्टा मारा, वे सभी भाग खड़ी हुईं और सीधे अपने राजा के पास पहुंचीं। "वहां एक विशाल वानर ने हमारे प्यारे अशोक वाटिका को तहस-नहस कर दिया है। हमने उसे सीता के साथ वार्तालाप करते हुए भी देखा।"

यह सुनकर रावण का चेहरा क्रोध से काला पड़ गया। उसने अपने प्रहरियों से कहा, "मार डालो उस भीमकाय वानर को।"

हनुमान ने सैनिकों पर हमला कर उन्हें परलोक पहुंचा दिया।

हनुमान ने अपनी हुंकार से लंका नगरी को थर्रा दिया। पूरे क्षेत्र में उनकी गर्जना सुनाई देने लगी। राक्षसगण भय से कांपने लगे। रावण पुत्र अक्षय हनुमान से युद्ध करने पहुंचा।

हनुमान ने अक्षय पर आक्रमण कर उसके रथ को चकनाचूर कर दिया। अक्षय निडर था। वह हाथों में तीर-धनुष लेकर आकाश में पहुंच गया। आसामान में भयंकर युद्ध छिड़ गया। हनुमान ने अंतिम प्रहार किया और अक्षय के प्राण पखेरू उड़ गए।

अब रावण ने अपने सबसे बलवान पुत्र इंद्रजीत को हनुमान का सामना करने के लिए भेजा।

हनुमान और इंद्रजीत के बीच भीषण द्वंद्व शुरू हो गया। हनुमान ने अपने और भी विस्तारित स्वरूप में आकर इंद्रजीत को ब्रह्मास्त्र के प्रयोग के लिए विवश कर दिया। ब्रह्मास्त्र के प्रहार से इंद्रजीत ने हनुमान को बांध लिया।

हनुमान को पराजित होते देख राक्षस खुशी से चिल्लाने लगे। राक्षसों ने हनुमान को मजबूत रस्सी से बांधकर लंका की गलियों से होते हुए रावण के दरबार लेकर पहुंचे।

राक्षसराज रावण के दरबार में हनुमान ने चारों ओर दृष्टि डाली। हनुमान ने अनेक रत्नों से मंडित और सुसज्जित रावण और उसके दरबार को देखा।

"यह तुम जैसे ज्ञानी और वैभवशाली राजा को शोभा नहीं देता कि वह दूसरे व्यक्ति की पत्नी को हर कर उसे बंदी बना ले।" हनुमान ने रावण से कहा। "राम को उनकी सीता पूरे आदर और सम्मान के साथ लौटा दो और उनसे क्षमा मांग लो। अन्यथा तुम और तुम्हारा वंश राम के हाथों नष्ट हो जाएगा।"

हनुमान के वचनों को सुनकर रावण गुस्से से आगबबूला हो गया। उसने अपने सैनिकों को आदेश दिया कि वे हनुमान की पूंछ में आग लगा दें।

लंका दहन

सैनिकों ने रावण की आज्ञा का पालन किया। हनुमान की पूंछ को तेल में डुबोकर सैनिकों ने उसमें आग लगा दी और लंका की गलियों में हनुमान का जुलूस निकाला। हनुमान ने अपने स्वरूप का विस्तार किया और एक वृक्ष से दूसरे वृक्ष और एक भवन से दूसरे भवन पर कूदने लगे। जो भी उनके रास्ते में आया उनमें हनुमान ने आग लगा दी। अशोक वाटिका के उस वृक्ष को छोड़कर जिसके नीचे माता सीता बैठी थीं, लंका की हर एक वस्तु हनुमान की लगाई आग में जल उठी।

हनुमान अपना कार्य पूरा कर संतुष्ट थे। उन्होंने समुद्र के जल से अपनी पूंछ में लगी आग बुझाई। उन्होंने सुसमाचार के साथ राम के पास वापस लौटने की तैयारी की। लंका छोड़ने से पूर्व उन्होंने एक बार पुनः माता सीता का आशीर्वाद लिया।

इधर, लंका के दूसरे छोर पर हनुमान के लौटने की प्रतीक्षा कर रहे वानर हनुमान को अपने बीच पाकर आह्लादित हो उठे। जब पवनसुत ने उन्हें बताया कि उन्होंने सीता की खोज कर ली है तो सभी खुशी से नाचने लगे। वानरगण राम को खुशी का समाचार देने किष्किंधा की ओर लौट गए।

राम की प्रसन्नता

“मैंने माता सीता से भेंट की। मैंने आपकी दैवीय और पतिव्रता रानी के दर्शन किए। मैंने आपकी गरिमामयी अर्द्धांगिनी से बातचीत की। आपके लिए सुसमाचार यह है कि माता सीता राक्षसियों के बीच भी सुरक्षित हैं।” हनुमान ने राम के चरणों में नतमस्तक होकर कहा।

हनुमान से सीता का हाल और लंका में हुई घटना को सुनकर श्रीराम के कपोलों पर अश्रु लुढ़क पड़े।

"माता सीता की यह इच्छा है कि आप उन्हें यथाशीघ्र रावण के चंगुल से छुड़ाएं। उनसे हुई भेंट के प्रमाण स्वरूप यह शिखा आभूषण उन्होंने मुझे आपके समक्ष प्रस्तुत करने के लिए दिया है।" यह कहते हुए हनुमान ने वह आभूषण राम को सौंप दिया जो उन्हें सीता ने दिया था।

सीता के आभूषण देख राम और भी दुःखी होकर विलाप करने लगे। उन्होंने हनुमान को अपने हृदय से लगाकर कहा, "हे पवन पुत्र ! तुम धन्य हो। तुमने असंभव कार्य को संभव बना दिया।"

रावण को विभीषण की सलाह

हनुमान के अपूर्व पराक्रम से राम और वानरगण अत्यंत उल्लालित थे। जल्दी ही राम, लक्ष्मण और वानर सेना दक्षिण की ओर कूच कर गई।

इसी बीच, रावण ने अपने मंत्री परिषद की बैठक बुलाई। वह राम के कारण उत्पन्न खतरे का आंकलन करना चाहता था।

हालांकि उसके मंत्रीगण आत्मविश्वास से भरे हुए थे। उन्होंने कहा, "हमारे प्रतापी योद्धा राम से निपट सकते हैं। आपको चुनौती देने वाले किसी को भी कुचलने के लिए हमारे शस्त्र तैयार हैं।"

ऐसे में जबकि मंत्रीगण रावण की प्रशंसा कर रहे थे, विभीषण उन सबसे असहमत था। "हे भ्राता! यहां उपस्थित जन जो कुछ कह रहे हैं वह सुनने में अच्छा लग रहा है। परंतु उस पर अमल करना किसी भी दृष्टि से उपयुक्त और तर्कसंगत नहीं है। राम ने हमें कोई हानि नहीं पहुंचाइ। उन्होंने आत्मरक्षा के लिए दंडकारण्य में हमारे सैनिकों के साथ युद्ध कर उन्हें मारा। फिर आपने उनकी धर्मपत्नी का हरण कर लिया। यह एक महापाप है। भूल सुधार के लिए अब भी देरी नहीं हुई। आप राम को उनकी सीता लौटा दें। वह आपको क्षमा कर देंगे।"

विभीषण का अनुरोध रावण के कानों तक नहीं पहुंचा। "न तो सीता को लौटाऊंगा और न ही राम से क्षमा मांगूंगा।" रावण ने अट्टहास करते हुए कहा। क्रोध से उसकी आखें लाल हो उठीं। "मैं राम से युद्ध करूंगा।"

रावण के साथ कुंभकर्ण

रावण का एक अन्य छोटा भाई कुंभकर्ण भी विभीषण से सहमत था। "आपने सीता का हरण कर अच्छा नहीं किया, कुंभकर्ण ने कहा।" "इसके बाद भी आपने यदि युद्ध करने का मन बना लिया है तो दशरथ पुत्रों से युद्ध कर उनका वध करूंगा।" अपरिमित शक्तियों से युक्त कुंभकर्ण ने कहा। "विजय श्री आपकी होगी भ्राता।"

विभीषण हालांकि अपने निर्णय पर अटल थे परंतु इसके बावजूद एक बार और उसने रावण को समझाने का प्रयास किया। "हमारी हार निश्चित है यदि हम राम से टकराते हैं। मैं आपसे यह भीक्षा मांगता हूं कि आप राम को सीता लौटा दीजिए। वह सिर्फ और सिर्फ श्री राम की हैं किसी अन्य की नहीं। स्वयं और संपूर्ण वंश को इस महापातक और विनाश से बचाइए।"

परंतु जिद्दी रावण ने कहा, "तुम एक कायर की भांति बोल रहे हो, विभीषण। यदि मैंने तुम्हारी बात मानी तो हमारे कुल को अपयश ही मिलेगा।

विभीषण को प्रतीत हुआ कि उसके लिए लंका में कोई स्थान नहीं है। रावण की दृष्टि में उसके उत्तम परामर्श का कोई मोल नहीं है। विभीषण बुराई और अन्याय का पक्ष नहीं लेना चाहते थे। उन्होंने अपना सब कुछ त्यागा और लंका छोड़ राम से मिलने निकल पड़े।

युद्ध की तैयारी

राम दक्षिण में सागर तट पर पहुंचे गए जहां विभीषण उनसे शरण मांगने पहुंच गए।

राम ने लंका तक पहुंचने के लिए समुद्र देवता से सुरक्षित मार्ग देने का अनुरोध किया ताकि उनकी सेना रावण की नगरी लंका तक पहुंच सके।

राम ने तीन दिनों तक समुद्र की अर्चना की। समुद्र की ओर से कोई भी उत्तर न पाकर राम व्याकुल हो उठे। उन्होंने अपना धनुष उठा लिया और समुद्र को सुखाने लिए दिव्यास्त्रों आह्वान करने लगे।

तभी समुद्र के देवता वरूण समुद्र से प्रकट हुए। उन्होंने राम के गुस्से को शांत करने का प्रयास किया। वरूण ने कहा कि प्रत्येक जीव सृष्टि के नियमों से बंधा है जिसका पालन उन्हें करना ही होता है। उन्होंने राम को लंका तक एक सेतु तैयार करने का सुझाव दिया। वानर नायक और विश्वकर्मा पुत्र नल समुद्र पर सेतु निर्माण करने को प्रस्तुत हुए। हजारों

वानर सेतु निर्माण के लिए प्राण-प्रण से जुट गए। यहां तक की एक नन्हीं गिलहरी ने कंकड़ों और पत्थरों के छोटे टुकड़ों को ढोकर सेतु निर्माण में लगे बड़े पत्थरों के बीच की दरार भरने में अपना योगदान दिया। उसके समर्पण को देखकर राम ने गिलहरी को पुचकारा और उसकी पीठ थपथपाई। तभी से गिलहरी की पीठ पर तीन धारियां दिखाइ देती हैं।

सेतु निर्माण के बाद बड़ी वानर सेना लंका की ओर कूच कर गई। हनुमान ने राम को और अंगद ने लक्ष्मण को अपने कंधों पर बैठा लिया। वे जल्दी ही लंका पहुंच गए। वहां राम ने लंका के किले को चारों ओर से घेरने के लिए अपनी सेना को विभक्त कर दिया। उन्होंने अपने प्रत्येक निष्ठावान वानर को विशेष कार्य के लिए नियुक्त कर दिया।

लंका पर धावा बोलने से पहले राम ने अंगद को अपना दूत बनाकर रावण के पास भेजा। "हे राजन ! तुम्हारा अंत निकट है। तुमसे युद्ध के लिए राम तुम्हारे किले के द्वार तक पहुंच गए हैं। यदि तुम्हें अपने जीवन से मोह है, यदि तुम्हें अपने कृत्य पर कि भी पछतावा है, तो सीता को ससम्मान लौटाकर उनसे माफी मांग लो। वह दयालु हैं। तुम्हें क्षमा कर देंगे।"

अगंद के वचन सुन रावण ने अपना आपा खो दिया। उसने अपने सैनिकों को राम के दूत अगंद को मार डालने का आदेश दिया।

जैसे ही रावण के सैनिक अगंद को पकड़ने उद्धत हुए, वह ऊचें आकाश की ओर उड़ चले। वह अपने साथ एक-एक हाथ में रावण के सैनिकों को पकड़कर काफी ऊचांइ पर ले गए और धरती पर गिरा दिया।

युद्ध का शंखनाद

दोनों पक्षों में महाभयंकर युद्ध छिड़ गया। रात-दिन दोनों पक्षों की सेनाएं एक-दूसरे को गाजर-मूली की तरह काटने लगीं। सैनिक हाथी-घोड़ों पर बैठकर युद्धस्थल पर गर्जना करते हुए अपना पराक्रम दिखाने लगे। चारों ओर से सभी प्रकार के अस्त्र-शस्त्र एक-दूसरे पर फेंके जाने लगे। युद्धभूमि पर घायल होकर गिरने वाले सैनिकों का करूण रूदन और आर्तनाद चारों ओर ध्वनित होने लगा। लंका की उर्वरा और भूरे रंग की भूमि रक्त से लाल हो उठी। दोनों पक्षों के सैनिक बड़ी संख्या में खेत रहे।

युद्ध के दौरान रावण पुत्र इंद्रजीत ने सर्पास्त्र से राम और लक्ष्मण पर प्रहार किया। इस प्रहार से दोनों भाई गिर पड़े और हिलने-डुलने में भी अक्षम हो गए। हालांकि इस प्रहार के बाद युद्धभूमि पर पक्षीराज गरूण प्रकट हुए। गरूड़ को देखकर युद्धभूमि से समस्त सर्प भाग खड़े हुए। दोनों भाइयों ने गरूड़ के प्रति अपना आभार जताया।

एक अन्य अवसर पर मेघनाद के भीषण शक्ति प्रहार से लक्ष्मण मूर्च्छित हो गए। लक्ष्मण की अवस्था देखकर राम शोकमग्न हो उठे। लक्ष्मण की प्राण रक्षा के लिए हनुमान हिमालय पहुंचे वहां उन्होंने संजीवनी बूटी से युक्त पहाड़ को उठा लिया और युद्ध स्थल पर पहुंचे। संजीवनी के प्रभाव से लक्ष्मण की मूर्च्छा समाप्त हुई।

युद्धभूमि पर कुंभकर्ण

समय बीतने के साथ ही युद्ध घनघोर हो उठा। दोनों पक्षों के महावीर परस्पर टकराने लगे। एक-एक करके रावण ने अपने समस्त बलशाली योद्धाओं को गंवा दिया। अब सिर्फ एक ही महावीर था जो राक्षसों को बचा सकता था। वह था रावण का भाई कुंभकर्ण। कुंभकर्ण लगातार छह महीने तक सोने वाला महादैत्य था। इस बीच वह सिर्फ एक दिन के लिए उठता था। रावण ने सैनिकों को आदेश दिया कि वे किसी भी तरह से कुंभकर्ण को उठाएं।

कुंभकर्ण की नींद तोड़ने के लिए सैकड़ों सैनिक जुट गए। जब वह गहरी श्वांस लेता तो उसे उठाने वाले सैनिक उसकी विशाल गुफानुमा नाक के भीतर पहुंच जाते। सांस छोड़ने के साथ ही सैनिक उसकी नाक से बाहर निकल पाते।

यह कहकर वह युद्धभूमि पहुंचा। उसे देखकर वानर भय से कांपने लगे और तितर-बितर हो गए। कुंभकर्ण ने अपनी विशाल भुजाओं से कई वानरों को दबोच उदरस्थ कर लिया।

अपने से युद्ध करने को उत्कंठित लक्ष्मण को नजरअदांज कर वह राम की ओर बढ़ गया। फिर भीषण युद्ध छिड़ गया। अस्त्र-शस्त्रों के आदान-प्रदान के बाद राम के प्रहार से विशाल दैत्य युद्धभूमि पर गर्जना के साथ धराशायी हो गया।

अपने चाचा की मृत्यु से आगबबूला हो उठे रावण पुत्र इंद्रजीत ने युद्ध का संचालन किया। उसने अपने एक ही हाथ से राम के हजारों वानर सैनिकों को मार डाला। इससे राम की पूरी

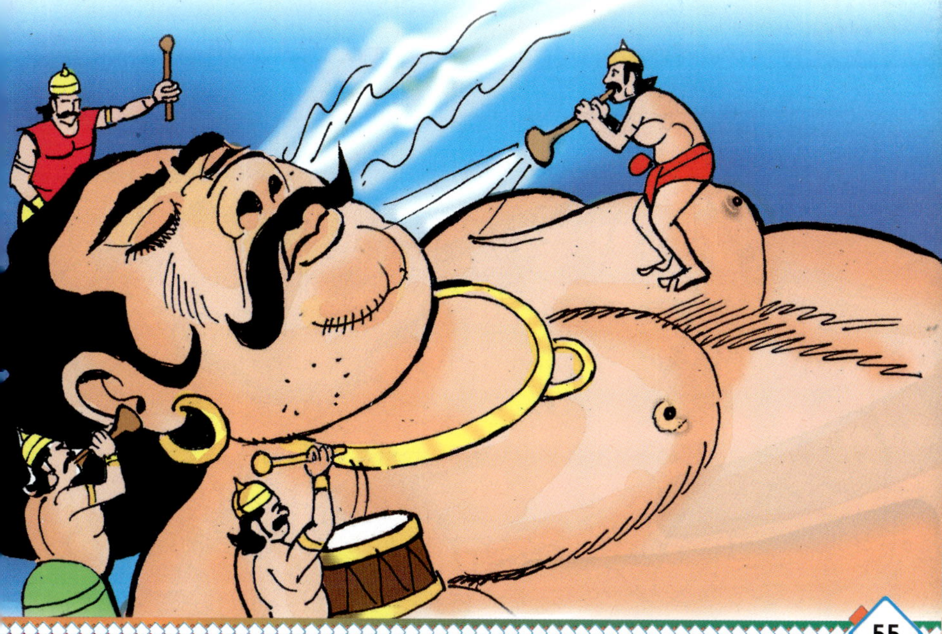

सेना के मारे जाने का खतरा उत्पन्न हो गया। अंततः वह लक्ष्मण के हाथों मारा गया।

सैनिक कुंभकर्ण के नाक के रास्ते से हटकर तालियां, ढोल, घड़ियाल और शंख बजाने लगे। पर कुंभकर्ण पर इन सबका कोई असर न पड़ा। वह सोता ही रहा। सैनिकों ने उस पर डंडे से आघात किया। इसके साथ ही उसकी छाती पर प्रहार करने लगे। गहरी नींद में सोते कुंभकर्ण के ऊपर से सैनिकों ने हाथियों को गुजारा। परंतु कुंभकर्ण खर्राटे लेता रहा। अंत में थक हार कर सैनिकों ने उसकी नाक के समीप स्वादिष्ट व्यंजन परोस दिए। अपनी पसंद के भोजन की सुगंध से दैत्य कुंभकर्ण की नींद खुली। परिचारकों ने धैर्यपूर्वक तब तक प्रतीक्षा की जब तक की कुंभकर्ण ने भोजन नहीं कर लिया। भरपेट भोजन करने के बाद कुंभकर्ण ने संतुष्टि की डकार ली। तब उसे बताया गया कि रावण ने उसे बुलाया है। कुंभकर्ण ने रावण को यह आश्वासन दिया कि वह शत्रुओं का विनाश कर देगा।

राम के हाथों रावण की पराजय

रावण के सभी महावीर योद्धा काल-कवलित हो गए। अंततः राम का सामना करने के लिए वह स्वयं युद्धभूमि पर आया। दो महायोद्धाओं के बीच युद्ध प्रारंभ हो गया। रावण से युद्ध करने के लिए इंद्र ने अपना रथ राम के लिए भेजा। राम ने अचूक निशाना साधते हुए रावण का सिर धड़ से अलग कर दिया। परंतु दूसरे ही क्षण, आश्चर्यजनक रूप से रावण के कटे हुए सिर के स्थान पर दूसरा सिर प्रकट हो गया।

रावण किसी घायल सिंह की तरह दहाड़ने लगा। राम ने एक बार पुनः रावण के मस्तक का निशाना साधते हुए तीर छोड़ा परंतु पहले की भांति पुनः नया सिर कटे सिर के स्थान पर प्रकट हो गया और रावण युद्ध

करता रहा। ऐसा दस बार हुआ। अंततः राम ने ब्रह्मास्त्र का प्रयोग कर उसकी नाभी को निशाना बनाया। नाभी पर तीर लगने से रावण के हाथों से धनुष छूट गया और इस तरह राक्षसराज की पराजय के साथ मृत्यु हुई।

राम की जीत से देवताओं और ऋषिगणों में हर्ष की लहर दौड़ गई। उन्होंने राम पर पुष्पवर्षा की।

वानर सेना आनंद में डूब विजय दुंदुभियां बजाने लगी। राम ने वानर सेना के प्रति उनकी मदद के लिए आभार जताया। तत्पश्चात उन्होंने विभीषण का राजतिलक कर उन्हें लंका का राजा बना दिया।

अग्नि परीक्षा

प्रसन्नचित्त सीता धड़कते हृदय से अपने प्रियतय राम के समक्ष उपस्थित हुईं। राम के मन में अपनी अर्द्धांगिनी सीता के प्रति अपार प्रेम था बावजूद इसके उनके मुख से इस समय कठोर वचन निकले। उन्होंने कहा कि जिस राक्षसराज रावण ने उनकी धर्मपत्नी का अपहरण किया, उसका वध कर उन्होंने अपनी प्रतिष्ठा और मर्यादा को फिर से स्थापित किया है। परंतु क्या वह अपनी पत्नी को अपने राज्य ले जा सकते हैं जिसने एक वर्ष किसी अन्य पुरुष के आश्रय में व्यतीत किया ?

इस तरह से राम के वचनों को सुन सीता स्तब्ध रह गईं। उन्हें अपने प्राणप्रिय राम से ऐसे किसी व्यवहार की अपेक्षा नहीं थी। सीता ने लक्ष्मण को अग्निकुंड तैयार करने का आदेश दिया। हाथ जोड़कर सभी देवताओं का आह्वान करते हुए सीता ने अग्निदेव से प्रार्थना की, "हे अग्नि ! राम को उनके प्रति मेरे प्रेम पर शंका है। आप सत्य के साक्षी हैं। आप जानते हैं कि मेरा हृदय सिर्फ और सिर्फ राम के लिए स्पंदित होता है। मैं स्वयं को आपके सुपुर्द करती हैं।" इन शब्दों के साथ सीता दहकती अग्नि में प्रवेश कर गईं।

अगले ही पल, अग्निदेव सीता की रक्षा के लिए अग्निकुंड से प्रकट हुए। "हे राम ! सीता का हृदय शुद्ध है। प्रति क्षण वह एकमात्र आपका ही चिंतन करती हैं। उन्हें स्वीकार करिए।"

राम के नेत्र अश्रुकणों से परिपूरित हो उठे। उन्होंने सीता को अपने पास लाते हुए कहा, "क्या मैंने कभी भी मेरे प्रति तुम्हारे प्रेम पर शंका की है ? मैं हृदय से जानता हूं कि तुम सर्वथा पवित्र हो। परंतु मैं यह चाहता था कि इसे पूरा संसार देखे।"

राम का राज्याभिषेक

राम और सीता प्रसन्नतापूर्वक एक हुए। राम, सीता और लक्ष्मण आकाश में उड़ने में सक्षम पुष्पक विमान में बैठकर अयोध्या की ओर प्रस्थान कर गए। उनके वनवास के १४ वर्ष व्यतीत हो गए। राम के लौटने की आतुरतापूर्वक प्रतीक्षा कर रहे भरत उन्हें देख दौड़ पड़े और राम को आलिंगनबद्ध कर लिया।

अयोध्यानगरी राम के लौटने पर उल्लास में डूब गई। विविध अनुष्ठानों के बीच राम का राज्यारोहण संपन्न हुआ।